AF440433

DISCOURS

PRONONCÉ SUR LA TOMBE

DE

JEAN-LOUIS LACURIA

PAR LE T. R. P. MERMET

Du Tiers-Ordre de Saint-Dominique

Le 7 novembre 1868

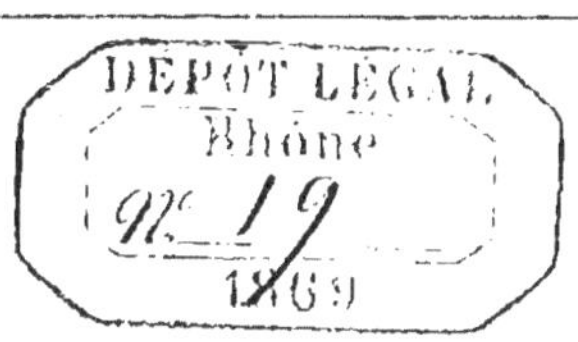

LYON

IMPRIMERIE DE FÉLIX GIRARD

Rue Saint-Dominique, 15

1868

DISCOURS

PRONONCÉ SUR LA TOMBE

DE

JEAN-LOUIS LACURIA

PAR LE T. R. P. MERMET

DU TIERS-ORDRE DE SAINT-DOMINIQUE

Le 7 novembre 1868

MESSIEURS,

La tombe ouverte devant vous va recevoir la dépouille mortelle d'un homme qui fut pour plusieurs d'entre vous un maître vénéré, pour tous un ami. Plusieurs ont connu en lui l'esprit d'un philosophe, et, ce qui vaut mieux, l'âme d'un saint.

Jean-Louis Lacuria étudiait à Paris sous l'un des premiers maîtres de notre siècle, quand prit naissance, loin des splendeurs de la capitale, à quelques pas d'ici, une école devenue plus tard l'Ecole Saint-Thomas d'Aquin. Un homme dont la personne est depuis longtemps absente, mais le souvenir très-vivant parmi nous, l'abbé Paul Lacuria son frère, associé à la fondation de cette œuvre, l'appela à prendre la direction des études du dessin. Un combat dut se livrer dans l'âme du jeune homme. D'une part, les rêves d'avenir, les aspirations, l'ambition peut-être d'un artiste de vingt-cinq ans, les suffrages, l'amitié naissante d'un maître illustre, les encouragements donnés aux premiers succès de son élève; puis les musées de Paris, ces merveilles de l'Italie et de la Grèce recueillies par le travail des siècles et les richesses d'une grande nation ; d'autre part, dans une maison ignorée, quelques enfants au début des études, quatre ou cinq instituteurs sans fortune, trop jeunes encore pour avoir quelque célébrité. Et qui pouvait répondre du succès de cette œuvre naissante? Qui pouvait en répondre, Messieurs? Celui qui a dit ces paroles : « Le royaume des cieux est comme un grain de senevé, une toute petite semence qui, mise en terre, devient un grand arbre, et les oiseaux du ciel viennent se reposer sur ses rameaux. » Voilà le rêve dont la beauté avait séduit les courageux fondateurs de l'Ecole Saint-Thomas. Ce rêve, cet avenir, cette œuvre de Dieu, Louis Lacuria était fait pour les comprendre. Il avait l'âme trop haute, l'esprit trop chrétien pour ne pas s'unir à ceux qui voulaient de ce rêve faire une réalité. Il partit, redisant sans doute le long du chemin ces paroles d'un grand philosophe qui fut aussi un grand saint: *Ars artium regimen animarum.* « Le premier de tous les arts, c'est celui de conduire les âmes. » Vous qui l'avez connu, vous qui l'avez suivi depuis un tiers de siècle dans ce labeur toujours obscur,

souvent pénible, j'en appelle à vos souvenirs : surprîtes-vous
jamais en lui une faiblesse, une défaillance, un découragement,
une hésitation ? Louis Lacuria, je vénère en toi l'artiste qui se
dévoue et s'oublie soi-même, le philosophe croyant, le chrétien
qui agit plus encore qu'il ne parle et ne conseille. Ton âme pure
de tout égarement avait entendu et compris cette parole du
Maître : « Laissez venir à moi les petits enfants. Si quelqu'un
scandalise un de ces petits, mieux vaudrait lui attacher une
meule de moulin au cou et le précipiter dans la mer. » Tu
avais compris qu'autant le marbre et la toile sont impuissants à
réaliser les merveilles du corps vivant, autant et plus encore
le corps vivant est inférieur à l'âme, cette substance presque
divine, faite à la ressemblance de Dieu et rachetée par le sang
du Christ. A d'autres l'héritage de Phidias, de Raphaël, de
Michel-Ange ; à d'autres la gloire de ces grands concours où
affluent les œuvres nouvelles de leurs héritiers ; à toi de pré-
parer cette légion d'enfants de Dieu qui seront comme les oiseaux dont se parera ce grand arbre dont la semence est mise
en terre. Consacrer sa vie et son génie à immortaliser sur les
murs de nos basiliques les grands actes des saints que l'Eglise
vénère, voilà certes un travail digne d'un grand cœur. Mais tu
as dit : Mieux vaut la chose que l'image, le modèle que le por-
trait, la réalité que la ressemblance. A cette tâche pleine de
gloire et d'oubli, de peines incessantes, et aussi de jouissances
que nous savons, ton courage n'a jamais failli. De l'exemple
encore plus que de la parole tu prêchas jusqu'à la fin le culte
du beau, du noble et du juste. Et quand, il y a cinq ans, le coup

qui frappa ton illustre ami, Hippolyte Flandrin, eut dans ton âme un retentissement si douloureux et si profond, alors commença pour toi cette série de souffrances incessantes... Mais tu fus plus fort que la douleur. Tu es mort sur la brèche, vaillant soldat. Ton dernier acte fut d'un incroyable courage. C'est au milieu de tes élèves, le corps déjà brisé par la douleur, que tu reçus la première visite de l'ange qui délivre ; et tu n'y fus pas trompé, car la maladie n'avait plus rien à faire dans ce corps que l'âme achevait d'user jusqu'au bout. Jamais je n'oublierai cet air de calme résignation avec lequel tu me dis ces simples paroles : « C'est fini, je sais que c'est fini. » Le souvenir me vint de ces dix justes que le Dieu d'Abraham cherchait en vain dans Sodome pour se donner le droit d'épargner cette ville très-coupable. C'est sans crainte que je le dis : un pays qui possède un juste tel que toi est un pays béni de Dieu.

Lyon. — Impr. de Félix Girard, rue St-Dominique, 13.

www.ingramcontent.com/pod-product-compliance
Lightning Source LLC
Chambersburg PA
CBHW061458050726
47593CB00004B/1683